Impressum
Verlag: BABADADA GmbH, Nedderfeld 112 , 22529 Hamburg
Geschäftsführer / Verlagsleitung: Harald Hof
Druck: Books on Demand GmbH, In de Tarpen 42, 22848 Norderstedt

Imprint
Publisher: BABADADA GmbH, Nedderfeld 112 , 22529 Hamburg, Germany
Managing Director / Publishing direction: Harald Hof
Print: Books on Demand GmbH, In de Tarpen 42, 22848 Norderstedt

colegio
skóli

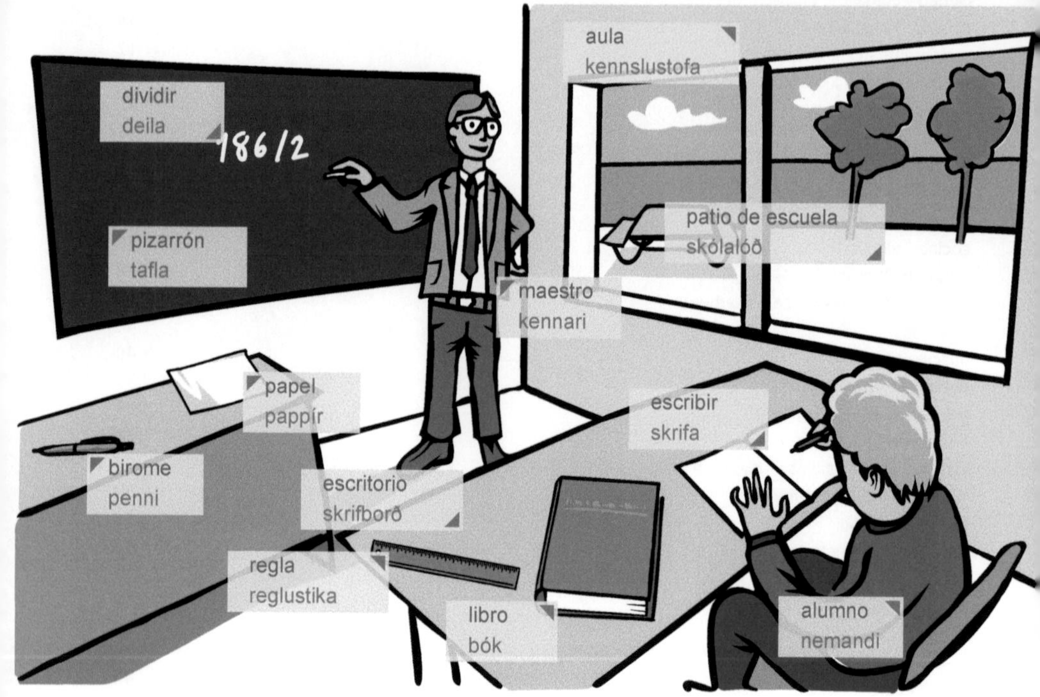
aula
kennslustofa
dividir
deila
186/2
pizarrón
tafla
patio de escuela
skólalóð
maestro
kennari
papel
pappír
escribir
skrifa
birome
penni
escritorio
skrifborð
regla
reglustika
libro
bók
alumno
nemandi

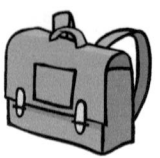

mochila

skólataska

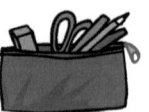

caja de lápices

pennaveski

lápiz

blýantur

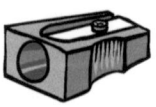

sacapuntas

yddari

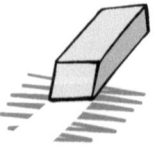

goma (de borrar)

strokleður

bloc de dibujo

teikniblað

dibujo
teikning

pincel
pensill

caja de pinturas
litakassi

tijera
skæri

pegamento
lím

cuaderno de ejercicios
æfingabók

tarea
heimavinna

número
númer

sumar
leggja saman

restar
draga frá

multiplicar
margfalda

calcular
reikna

letra
bréf

abecedario
stafróf

palabra
orð

texto

texti

leer

lesa

tiza

krít

lección

kennslustund

cuaderno de clase

kladdi

examen

próf

certificado

vottorð

uniforme escolar

skólabúningur

educación

menntun

enciclopedia

alfræðirit

universidad

háskóli

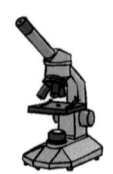

microscopio

smásjá

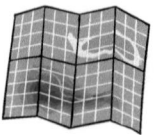

mapa

kort

tacho (de basura)

ruslakarfa

viaje
ferðalög

hotel
hótel
Grand
hostel
farfuglaheimili
ROOMS
casa de cambio
gjaldeyrisskipti
CHANGE
valija
ferðataska
auto
bíll

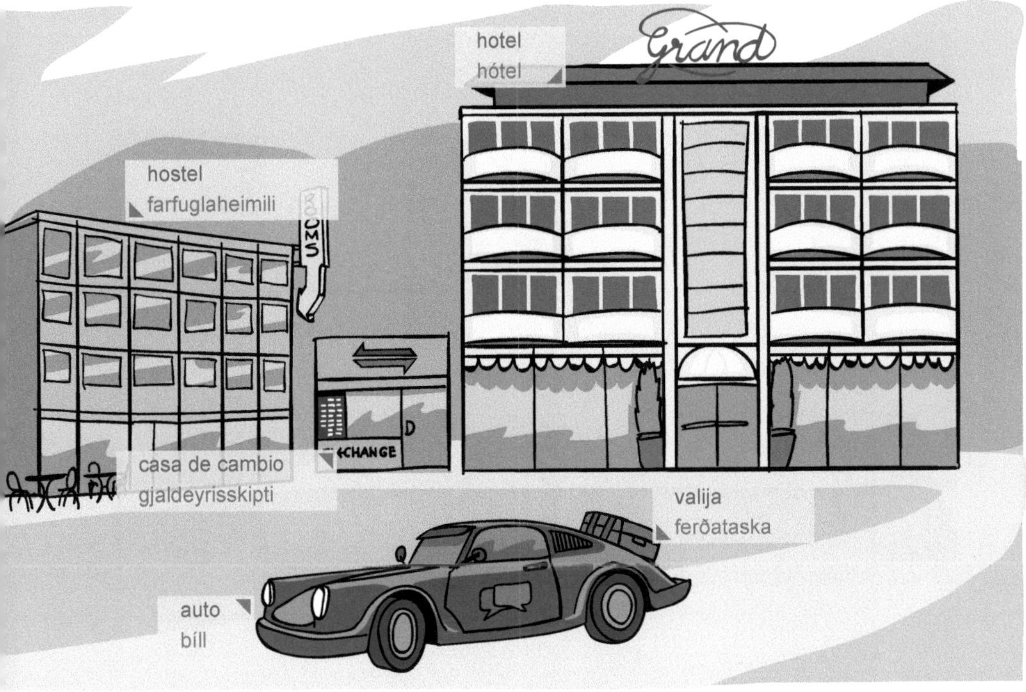

idioma

tungumál

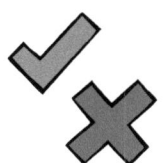

sí / no

já / nei

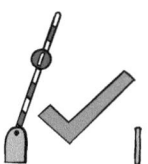

Está bien

allt í lagi

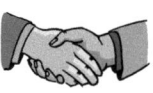

hola

halló

traductor

þýðandi

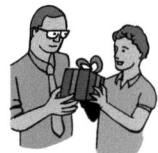

Gracias

takk fyrir

¿cuánto cuesta...?

hvað kostar...?

No entiendo

Ég skil ekki

problema

vandamál

¡Buenas tardes!

Gott kvöld!

¡Buenos días!

Góðan dag!

¡Buenas noches!

Góða nótt!

adiós

bless bless

dirección

átt

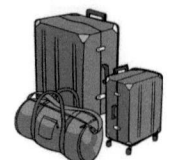

equipaje

farangur

bolso

taska

mochila

bakpoki

invitado

gestur

habitación

herbergi

bolsa de dormir

svefnpoki

carpa

tjald

información turística	playa	tarjeta de crédito
upplýsingamiðstöð	strönd	kreditkort

desayuno	almuerzo	cena
morgunverður	hádegisverður	kvöldmatur

pasaje	ascensor	sello
farmiði	lyfta	frímerki

frontera	aduana	embajada
landamæri	tollur	sendiráð

visa	pasaporte	
vegabréfsáritun	vegabréf	

transporte

samgöngur

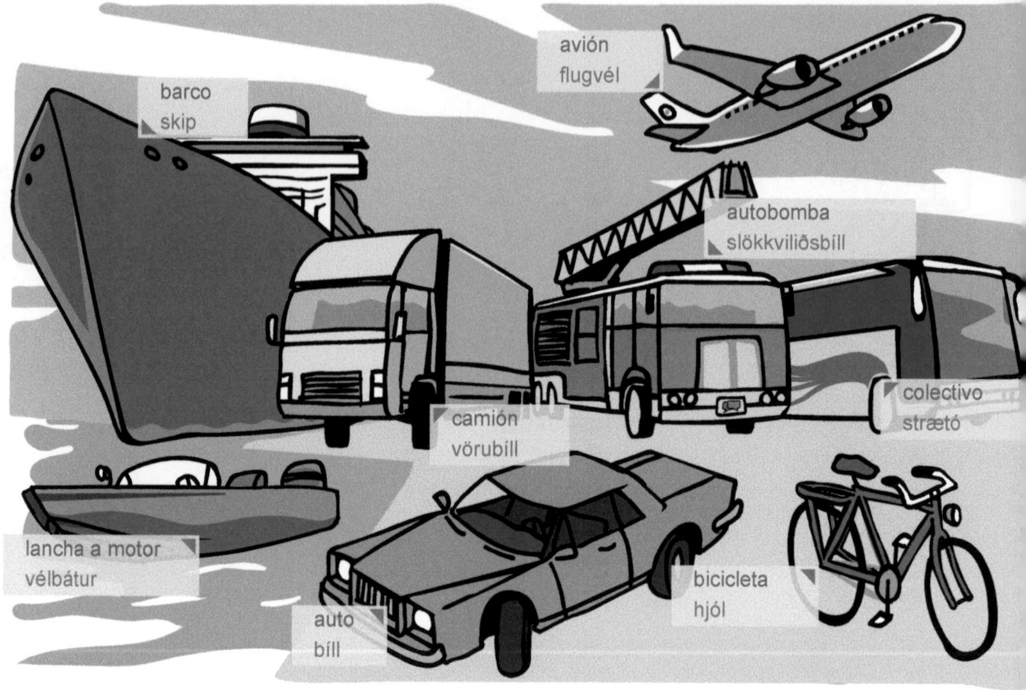

avión
flugvél
barco
skip
autobomba
slökkviliðsbíll
colectivo
strætó
camión
vörubíll
lancha a motor
vélbátur
bicicleta
hjól
auto
bíll

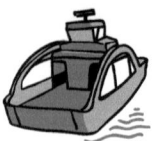

ferry

ferja

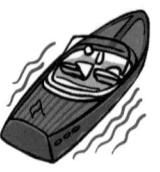

bote

bátur

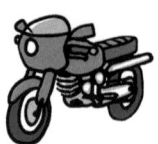

moto

mótorhjól

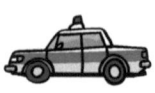

patrullero

lögreglubíll

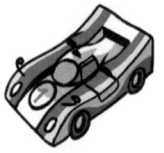

auto de carreras

kappakstursbíll

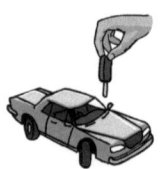

auto de alquiler

bílaleigubíll

alquiler de autos

bílasamneyti

grúa

dráttarbíll

camión de basura

öskubíll

motor

vél

nafta

eldsneyti

estación de servicio

bensínstöð

señal de tránsito

umferðarskilti

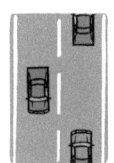

tránsito

umferð

embotellamiento

umferðarteppa

estacionamiento

bílastæði

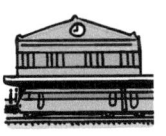

estación de tren

lestarstöð

vías

járnbrautarteinar

tren

lest

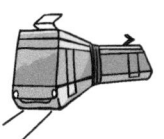

tranvía

sporvagn

vagón

vagn

helicóptero

þyrla

aeropuerto

flugvöllur

torre

turn

pasajero

farþegi

contenedor

gámur

caja de cartón

pappakassi

carretilla

kerra

canasta

karfa

despegar / aterrizar

takast á loft / lenda

ciudad

borg

pueblo

þorp

centro de ciudad

miðbær

casa

hús

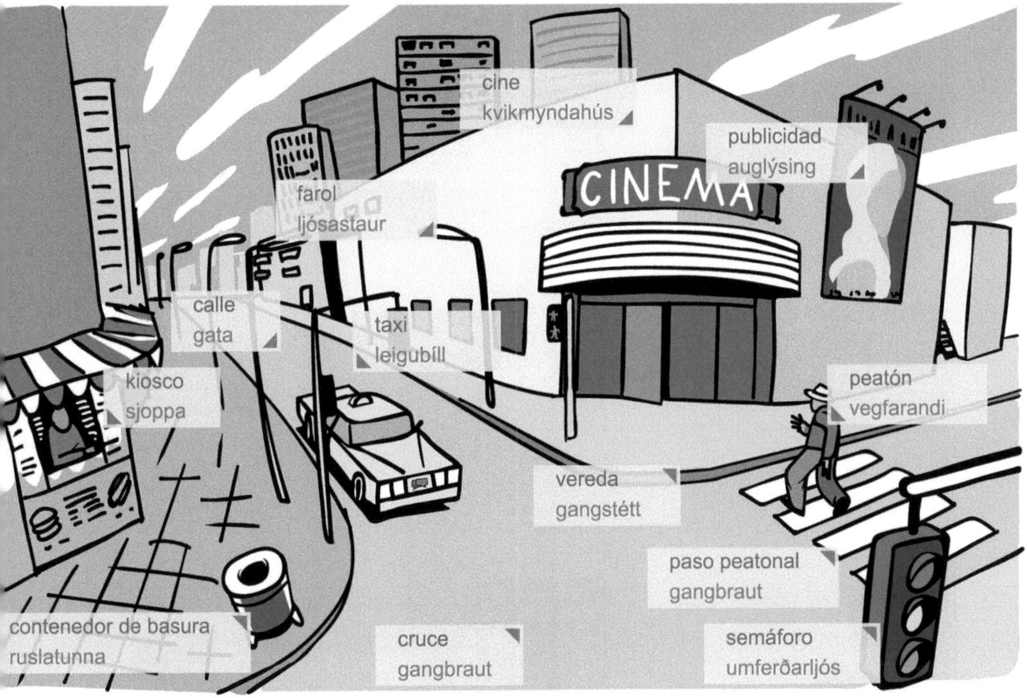

cine
kvikmyndahús

publicidad
auglýsing

farol
ljósastaur

CINEMA

calle
gata

taxi
leigubíll

peatón
vegfarandi

kiosco
sjoppa

vereda
gangstétt

paso peatonal
gangbraut

contenedor de basura
ruslatunna

cruce
gangbraut

semáforo
umferðarljós

cabaña
skáli

departamento
íbúð

estación de tren
lestarstöð

municipalidad
ráðhús

museo
safn

colegio
skóli

universidad

háskóli

banco

banki

hospital

sjúkrahús

hotel

hótel

farmacia

apótek

oficina

skrifstofa

librería

bókabúð

negocio

búð

florería

blómabúð

supermercado

kjörbúð

mercado

markaður

grandes tiendas

stórmarkaður

pescadería

fiskbúð

centro comercial

verslunarmiðstöð

puerto

höfn

parque

almenningsgarður

banco

bekkur

puente

brú

escaleras

stigi

subte

neðanjarðarlest

túnel

göng

parada del colectivo

biðstöð

bar

bar

restaurante

veitingastaður

buzón

póstkassi

letrero

götuskilti

parquímetro

stöðumælir

zoológico

dýragarður

pileta

sundlaug

mezquita

moska

granja

bær

contaminación

mengun

cementerio

kirkjugarður

iglesia

kirkja

juegos infantiles

leiksvæði

templo

musteri

paisaje
landslag

hoja
laufblað

poste indicador
leiðarvísir

camino
leið

pradera
engi

piedra
steinn

árbol
tré

excursionista
göngufólk

río
á

hierba
gras

flor
blóm

valle
dalur

montaña
hæð

lago
stöðuvatn

bosque
skógur

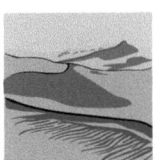

desierto
eyðimörk

volcán
eldfjall

castillo
kastali

arco iris
regnbogi

champiñón
sveppur

palmera
pálmatré

mosquito
moskítófluga

mosca
fluga

hormiga
maur

abeja
býfluga

araña
kónguló

escarabajo

bjalla

rana

froskur

ardilla

íkorni

erizo

broddgöltur

liebre

héri

lechuza

ugla

pájaro

fugl

cisne

svanur

jabalí

villisvín

ciervo

dádýr

alce

elgur

presa

stífla

aerogenerador

vindmylla

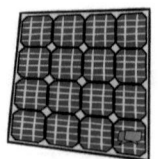

panel solar

sólarrafhlaða

clima

loftslag

restaurante
veitingastaður

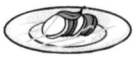

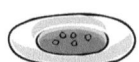

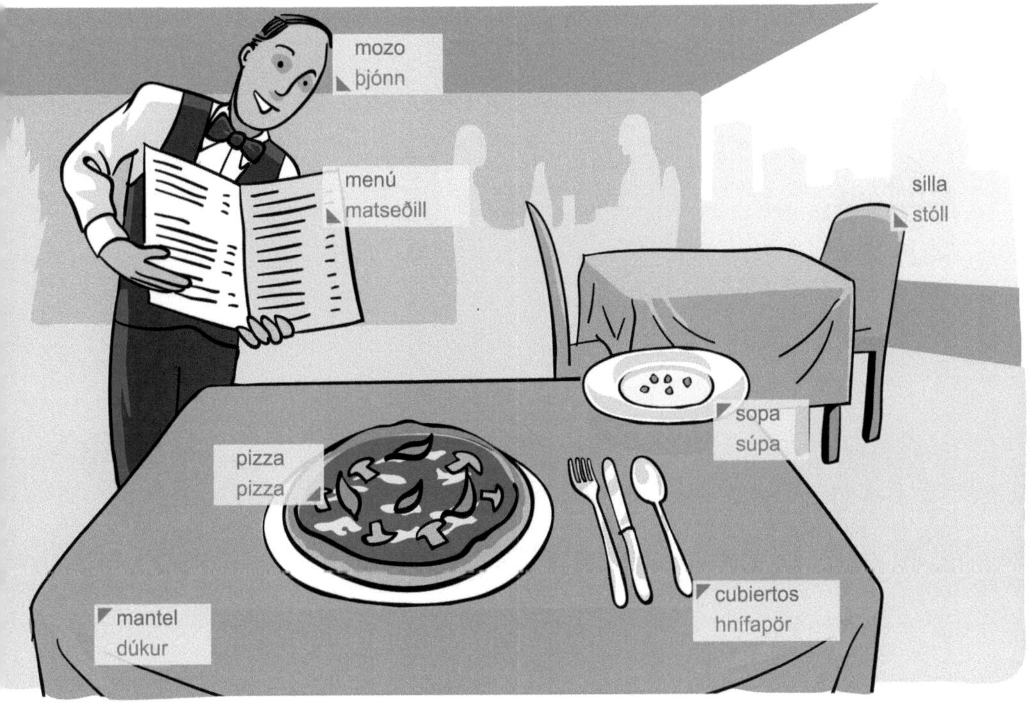
mozo
þjónn
menú
matseðill
silla
stóll
sopa
súpa
pizza
pizza
cubiertos
hnífapör
mantel
dúkur

entrada
forréttur

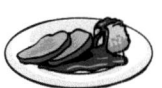

plato principal
aðalréttur

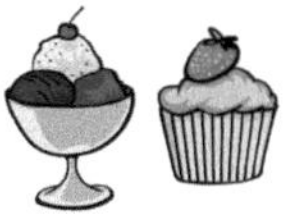
postre
eftirréttur

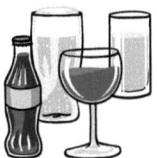

bebidas
drykkir

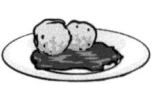

comida
matur

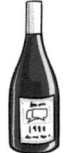

botella
flaska

comida rápida

skyndibiti

comida callejera

götumatur

tetera

teketill

azucarera

sykurskál

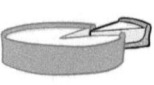

porción

skammtur

cafetera expreso

espressovél

sillita alta

barnastóll

cuenta

reikningur

bandeja

bakki

cuchillo

hnífur

tenedor

gaffall

cuchara

skeið

cucharita

teskeið

servilleta

servíetta

vaso

glas

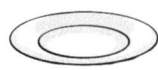

plato

diskur

plato hondo

súpudiskur

plato

undirskál

salsa

sósa

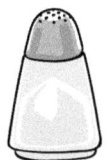

salero

saltstaukur

molinillo de pimienta

piparkvörn

vinagre

edik

aceite

olía

especias

krydd

kétchup

tómatsósa

mostaza

sinnep

mayonesa

majónes

supermercado
kjörbúð

oferta especial
tilboð
FOR
cliente
viðskiptavinur
lácteos
mjólkurvörur
fruta
ávöxtur
changuito
búðarkerra

BUTCHERS

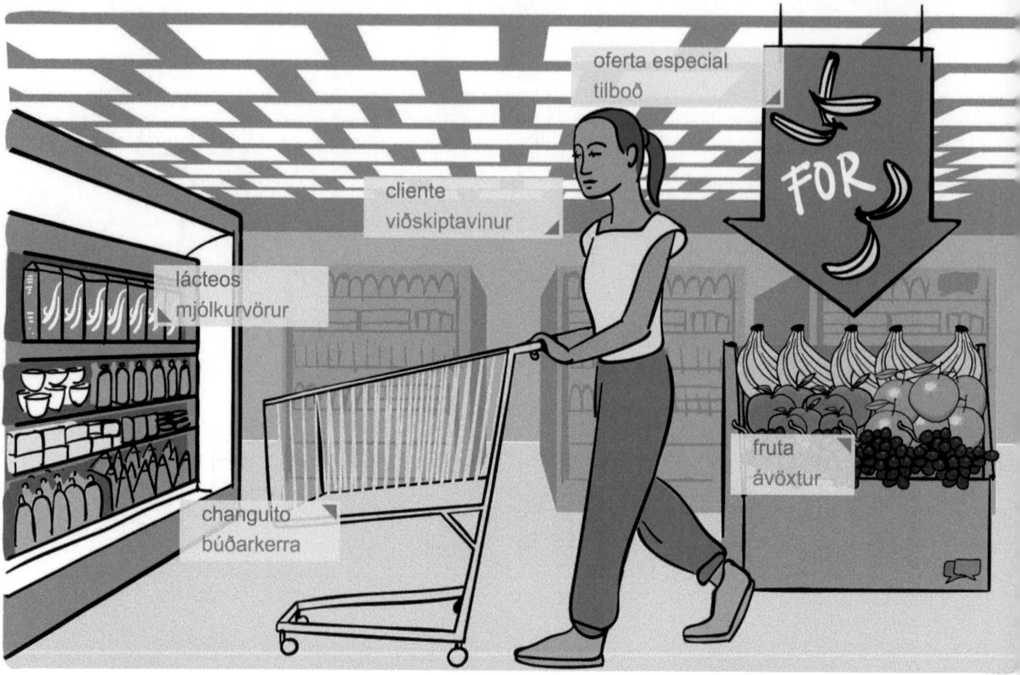

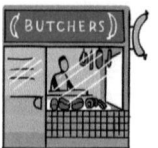

carnicería

slátrari

BAKERY

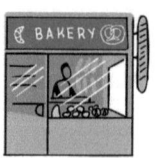

panadería

bakarí

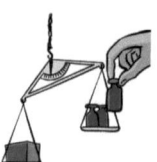

pesar

vega

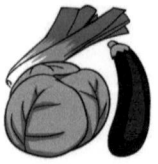

verduras

grænmeti

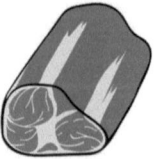

carne

kjöt

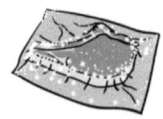

alimentos congelados

frosinn matur

fiambres

kjötálegg

alimentos enlatados

niðursoðinn matur

detergente en polvo

þvottaefni

golosinas

sælgæti

electrodomésticos

vörur til heimilisnota

productos de limpieza

hreinsiefni

vendedora

afgreiðslukona

caja

afgreiðslukassi

cajero

gjaldkeri

lista de compras

innkaupalisti

horario de atención

opnunartímar

billetera

veski

tarjeta de crédito

kreditkort

cartera

poki

bolsa de plástico

plastpoki

supermercado - kjörbúð

21

agua

vatn

jugo

safi

leche

mjólk

bebida cola

kók

vino

vín

cerveza

bjór

alcohol

áfengi

cacao

kakó

té

te

café

kaffi

café expreso

espresso

cappuccino

kaffi

banana

banani

manzana

epli

naranja

appelsínugulur

melón

melóna

limón

sítróna

zanahoria

gulrót

ajo

hvítlaukur

bambú

bambus

cebolla

laukur

champiñón

sveppir

nueces

hnetur

fideos

núðlur

tallarines	arroz	ensalada
spagettí	hrísgrjón	salat

papas fritas	papas fritas	pizza
franskar kartöflur	steiktar kartöflur	pizza

hamburguesa	sándwich	churrasco
hamborgari	samloka	snitsel

jamón	salame	salchicha
skinka	salami	pylsa

pollo	asado	pescado
kjúklingur	steik	fiskur

copos de avena
....
haframjöl

muesli
....
múslí

copos de maíz
....
kornflögur

harina
....
hveiti

medialuna
....
franskt horn

pancito
....
smábrauð

pan
....
brauð

tostada
....
ristað brauð

galletitas
....
kex

manteca
....
smjör

cuajada
....
ystingur

torta
....
kaka

huevo
....
egg

huevo frito
....
spælt egg

queso
....
ostur

helado
ís

azúcar
sykur

miel
hunang

mermelada
sulta

pasta de chocolate
súkkulaðiálegg

curry
karrý

granja
bær

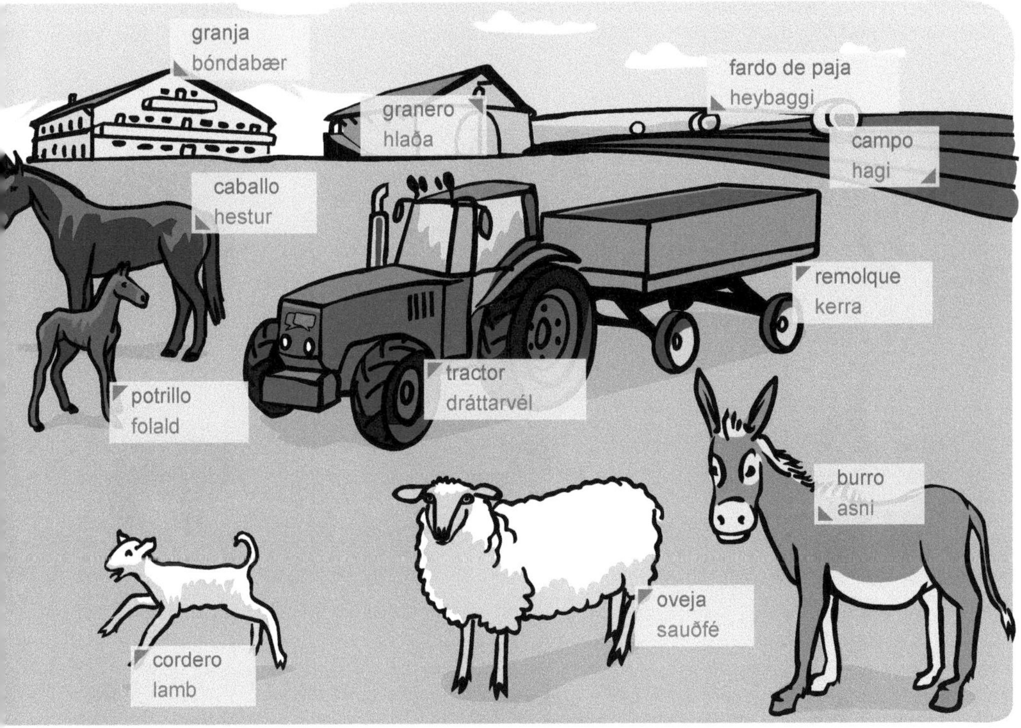
granja
bóndabær
granero
hlaða
fardo de paja
heybaggi
campo
hagi
caballo
hestur
remolque
kerra
tractor
dráttarvél
potrillo
folald
burro
asni
oveja
sauðfé
cordero
lamb

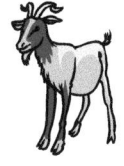

cabra

geit

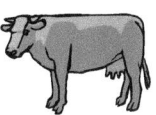

vaca

kýr

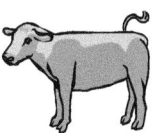

ternero

kálfur

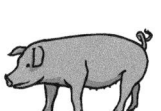

cerdo

svín

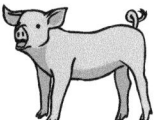

lechón

grís

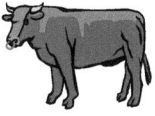

toro

naut

ganso

gæs

pato

önd

pollo

ungi

gallina

hæna

gallo

hani

rata

rotta

gato

köttur

ratón

mús

buey

uxi

perro

hundur

cucha

hundakofi

manguera

garðslanga

regadera

garðkanna

guadaña

ljár

arado

plógur

hoz

sigð

azada

hlújárn

horquilla

heygaffall

hacha

öxi

carretilla

hjólbörur

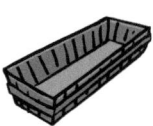

abrevadero

trog

lechera

mjólkurfata

bolsa

poki

reja

girðing

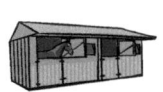

establo

gripahús

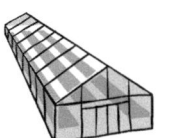

invernadero

gróðurhús

suelo

jarðvegur

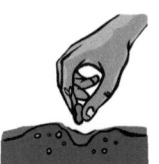

semilla

fræ

fertilizador

áburður

cosechadora

kornskurðarvél

cosechar

uppskera

cosecha

uppskera

batatas

kínverskar kartöflur

trigo

hveiti

soja

soja

papa

kartafla

maíz

maís

semilla de colza

repja

árbol frutal

ávaxtatré

mandioca

maníókarót

cereales

korn

casa
hús

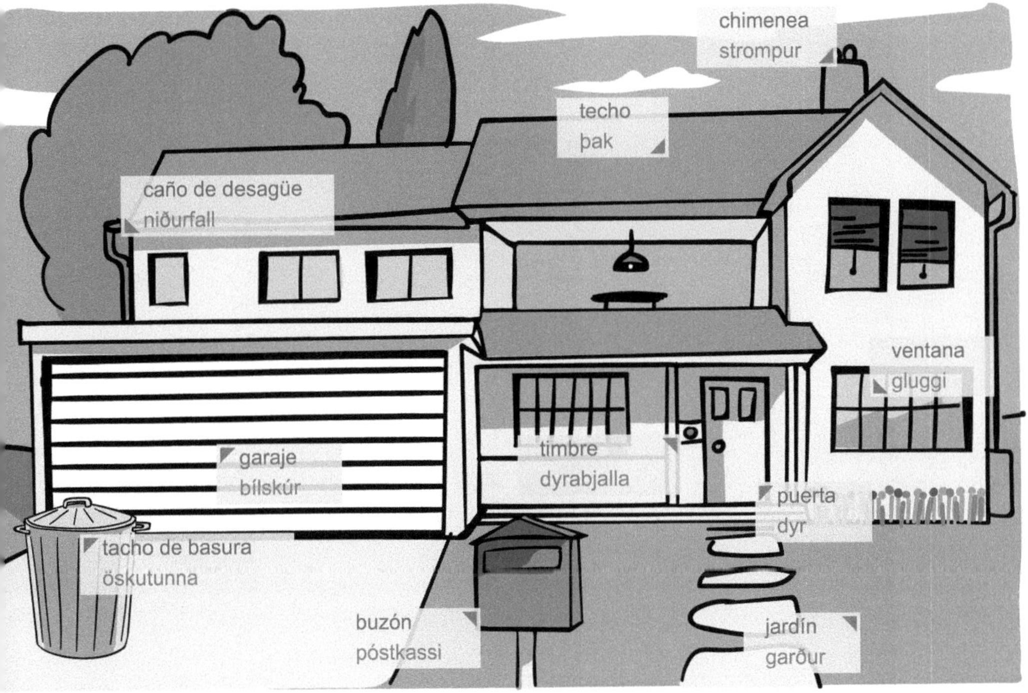
chimenea
strompur
techo
þak
caño de desagüe
niðurfall
ventana
gluggi
garaje
bílskúr
timbre
dyrabjalla
puerta
dyr
tacho de basura
öskutunna
buzón
póstkassi
jardín
garður

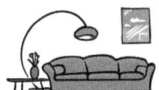

living
stofa

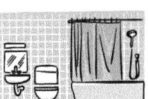

baño
baðherbergi

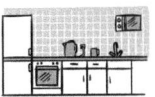

cocina
eldhús

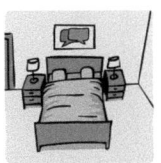

dormitorio
svefnherbergi

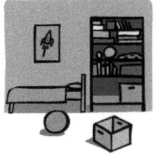

cuarto de los chicos
barnaherbergi

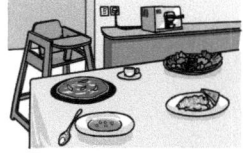

comedor
borðstofa

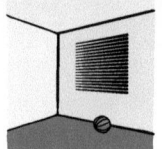

piso

gólf

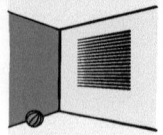

pared

veggur

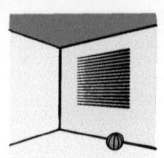

cielorraso

loft

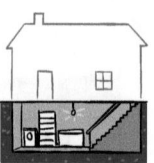

sótano

kjallari

sauna

gufubað

balcón

svalir

terraza

verönd

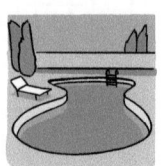

pileta

sundlaug

cortadora de pasto

sláttuvél

sábana

lak

acolchado

rúmteppi

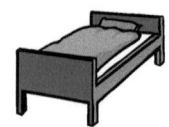

cama

rúm

escoba

kústur

balde

fata

interruptor

rofi

living
stofa

empapelado
veggfóður
imagen
ljósmynd
lámpara
lampi
estante
hilla
armario
skápur
televisión
sjónvarp
chimenea
arinn
flor
blóm
almohadón
púði
sofá
sófi
florero
vasi
control remoto
fjarstýring

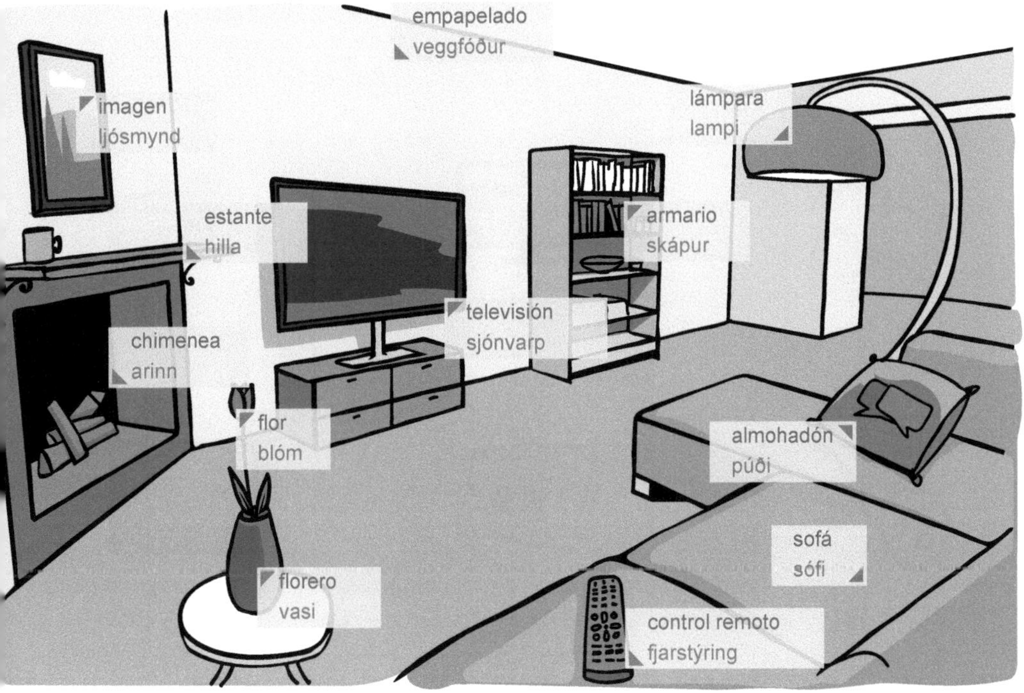

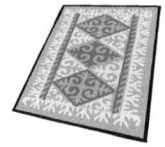

alfombra
teppi

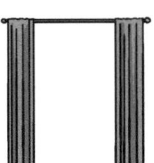

cortina
gardínur

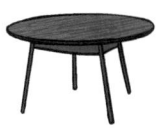

mesa
borð

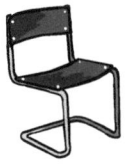

silla
stóll

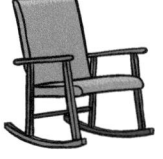

mecedora
ruggustóll

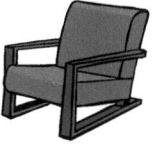

sillón
hægindastóll

libro

bók

frazada

sæng

decoración

skraut

leña

eldiviður

película

mynd

equipo de música

hljómflutningstæki

llave

lykill

diario

dagblað

pintura

málverk

póster

veggspjald

radio

útvarp

cuaderno

minnisbók

aspiradora

ryksuga

cactus

kaktus

vela

kerti

cocina
eldhús

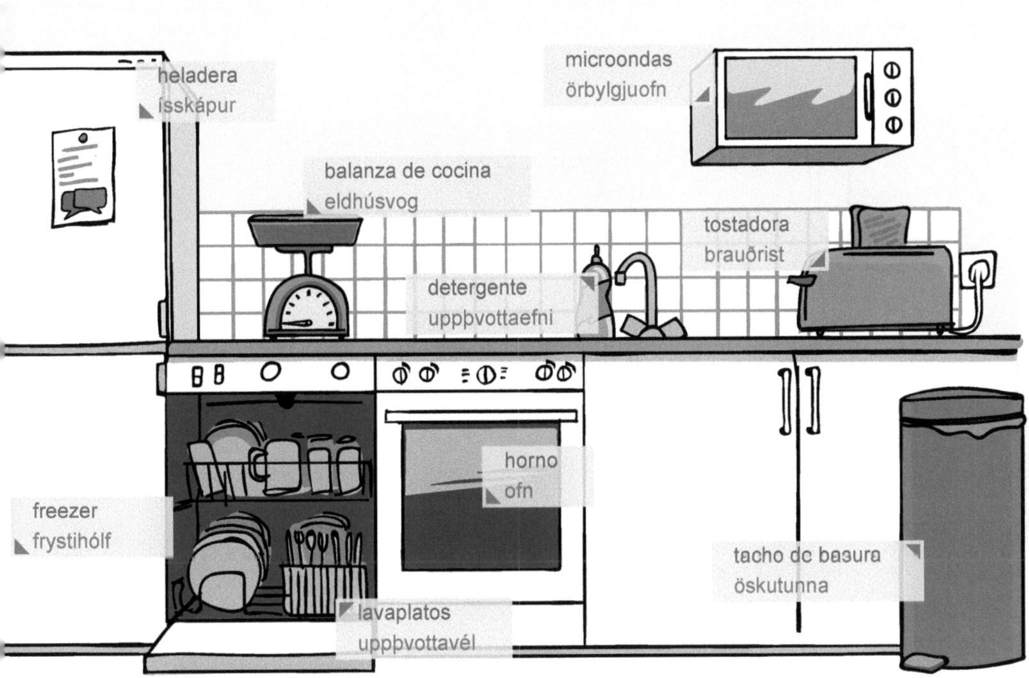
heladera
ísskápur
microondas
örbylgjuofn
balanza de cocina
eldhúsvog
tostadora
brauðrist
detergente
uppþvottaefni
horno
ofn
freezer
frystihólf
tacho de basura
öskutunna
lavaplatos
uppþvottavél

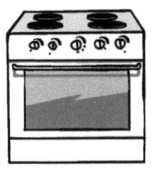

cocina

eldavél

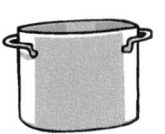

olla

pottur

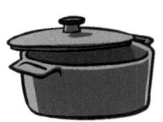

olla de hierro fundido

steypujárnspottur

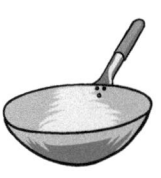

wok

wok/kadai

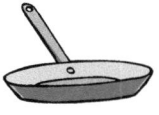

sartén

panna

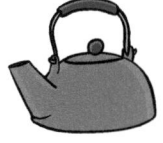

pava

ketill

vaporera

gufukarfa

bandeja de horno

ofnform

vajilla

leirtau

taza

mál

bol

skál

palitos

prjónar

cucharón

ausa

estpátula

spaði

batidora

pískur

colador

sigti

colador

málmsigti

rallador

rifjárn

mortero

mortél

parrilla

grill

fogata

opinn eldur

tabla de picar

skurðarbretti

palo de amasar

kökukefli

sacacorchos

tappatogari

lata

dós

abrelatas

dósaopnari

manopla

pottaleppur

pileta

vaskur

cepillo

bursti

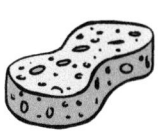

esponja

svampur

batidora

blandari

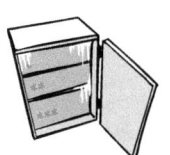

congelador

frystir

mamadera

peli

canilla

blöndunartæki

baño

baðherbergi

calefacción
upphitun
toalla
handklæði
ducha
sturta
cortina de ducha
sturtuhengi
baño de espuma
froðubað
bañadera
baðkar
lavarropas
þvottavél
baldosas
flísar
canilla
blöndunartæki
vaso
glas
pelela
barnakoppur
pileta
vaskur

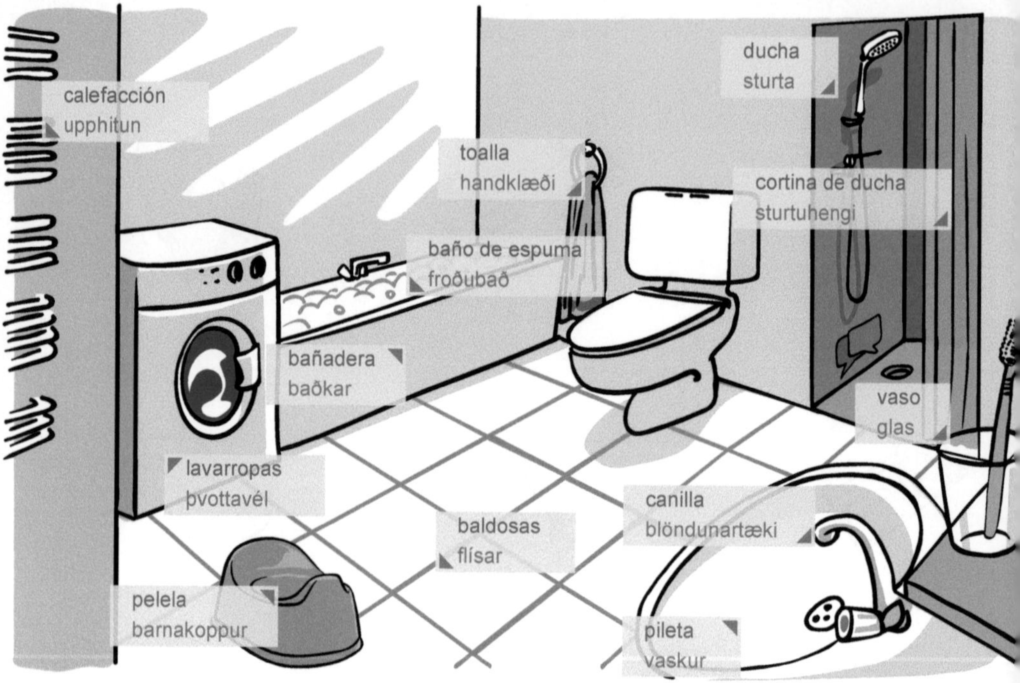

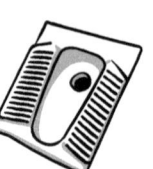

inodoro

salerni

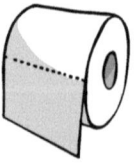

letrina

salerni án setu

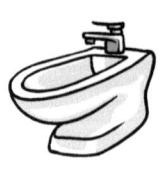

bidé

skolskál

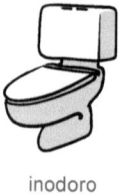

mingitorio

þvagskál

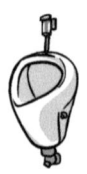

papel higiénico

salernispappír

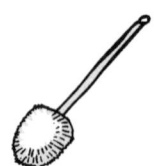

cepillo para el inodoro

salernisbursti

cepillo de dientes

tannbursti

dentífrico

tannkrem

hilo dental

tannþráður

lavar

þvo

ducha de mano

handsturta

ducha higiénica

salernissturta

palangana

vaskur

cepillo para espalda

bakbursti

jabón

sápa

gel de ducha

sturtugel

shampoo

sjampó

toallita

flannel

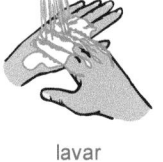

desagüe

niðurfall

crema

krem

desodorante

svitalyktareyðir

espejo

spegill

espejito

handspegill

maquinita de afeitar

rakskafa

espuma de afeitar

raksápa

aftershave

rakspíri

peine

greiða

cepillo

bursti

secador de pelo

hárþurrka

spray

hársprey

maquillaje

farði

lápiz de labios

varalitur

esmalte para uñas

naglalakk

algodón

bómull

tijera para uñas

naglaklippur

perfume

ilmvatn

portacosméticos

þvottapoki

banqueta

kollur

balanza

vog

bata

sloppur

guantes de goma

gúmmíhanskar

tampón

tíðatappi

toallita femenina

dömubindi

baño químico

efnasalerni

cuarto de los chicos
barnaherbergi

despertador
vekjaraklukka
peluche
mjúkt leikfang
coche de juguete
leikfangabíll
sonajero
hrista
casa de muñecas
dúkkuhús
regalo
gjöf

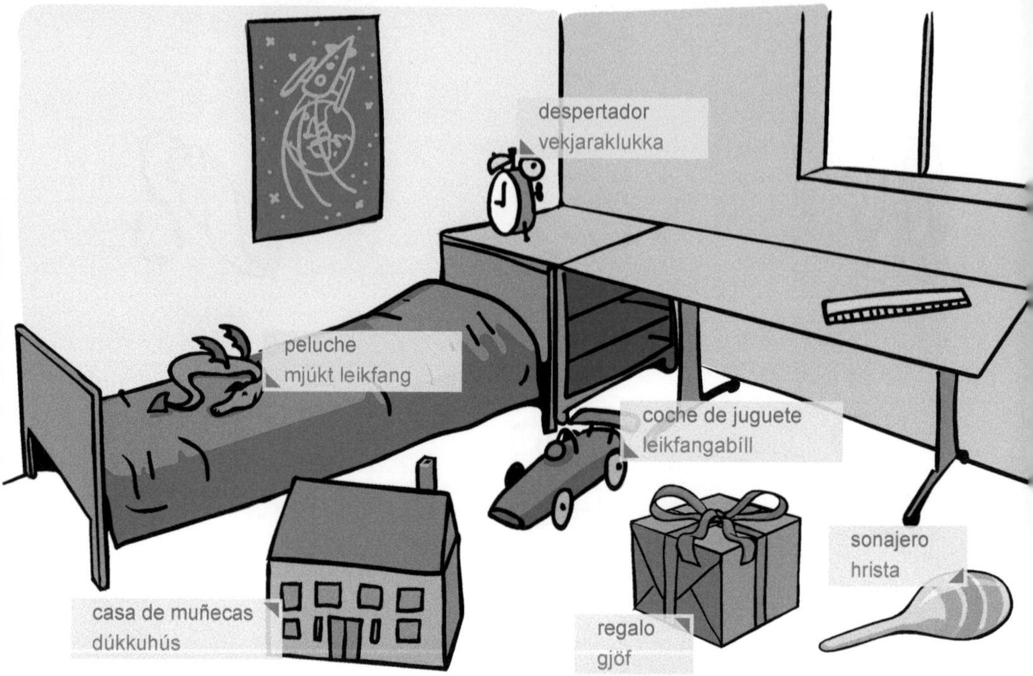

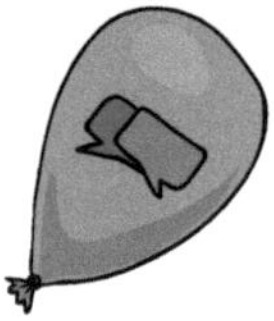

globo

blaðra

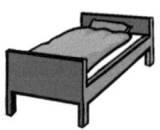

cama

rúm

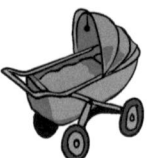

cochecito

barnavagn

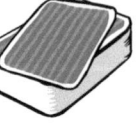

cartas

spilastokkur

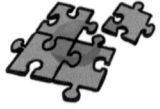

rompecabezas

púsluspil

historieta

myndasaga

piezas de lego

legókubbar

ladrillos de juguete

leikfangakubbar

figura de acción

leikfangakall

enterito (de bebé)

samfestingur

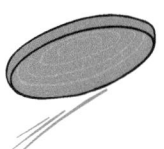

frisbee

Frisbídiskur

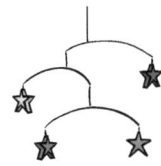

móvil para bebés

órói

juego de mesa

spilaborð

dados

teningar

tren eléctrico

lestarlíkan

chupete

snuð

fiesta

veisla

libro de cuentos ilustrado

myndabók

pelota

bolti

muñeca

brúða

jugar

spila

arenero
sandkassi

hamaca
sveifla

juguetes
leikföng

consola de videojuegos
leikjatölva

triciclo
þríhjól

osito de peluche
bangsi

armario
fataskápur

ropa

föt

medias
sokkar

medias panty
kvensokkabuxur

calzas
sokkabuxur

bufanda
trefill

cinturón
belti

paraguas
regnhlíf

remera
stuttermabolur

zapatillas
strigaskór

botas
skór

pantuflas
inniskór

sandalias
sandalar

zapatos
skór

botas de goma
gúmmístígvél

ropa interior
nærbuxur

corpiño
brjóstahaldari

chaleco
vesti

body

samfella

pantalones

buxur

jeans

gallabuxur

pollera

pils

blusa

blússa

camisa

skyrta

pulóver

peysa

buzo

hettupeysa

blazer

jakki

campera

jakki

tapado

frakki

piloto

regnfrakki

traje

dragt

vestido

kjóll

vestido de novia

brúðarkjóll

traje
jakkaföt

camisón
náttkjóll

pijama
náttföt

sari
Sari

pañuelo para cabeza
höfuðslæða

turbante
túrban

burka
búrka

caftán
kaftan

abaya
abaya

traje de baño
sundföt

short de baño
sundbuxur

shorts
stuttbuxur

jogging
íþróttagalli

delantal
svunta

guantes
hanskar

botón
hnappur

anteojos
gleraugu

pulsera
armband

collar
hálsmen

anillo
hringur

aro
eyrnalokkur

gorra
húfa

percha
herðatré

sombrero
hattur

corbata
bindi

cierre
rennilás

casco
hjálmur

tiradores
axlabönd

uniforme escolar
skólabúningur

uniforme
einkennisbúningur

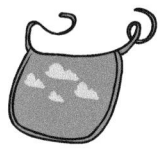

babero

smekkur

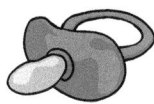

chupete

snuð

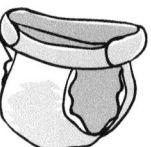

pañal

bleyja

oficina

skrifstofa

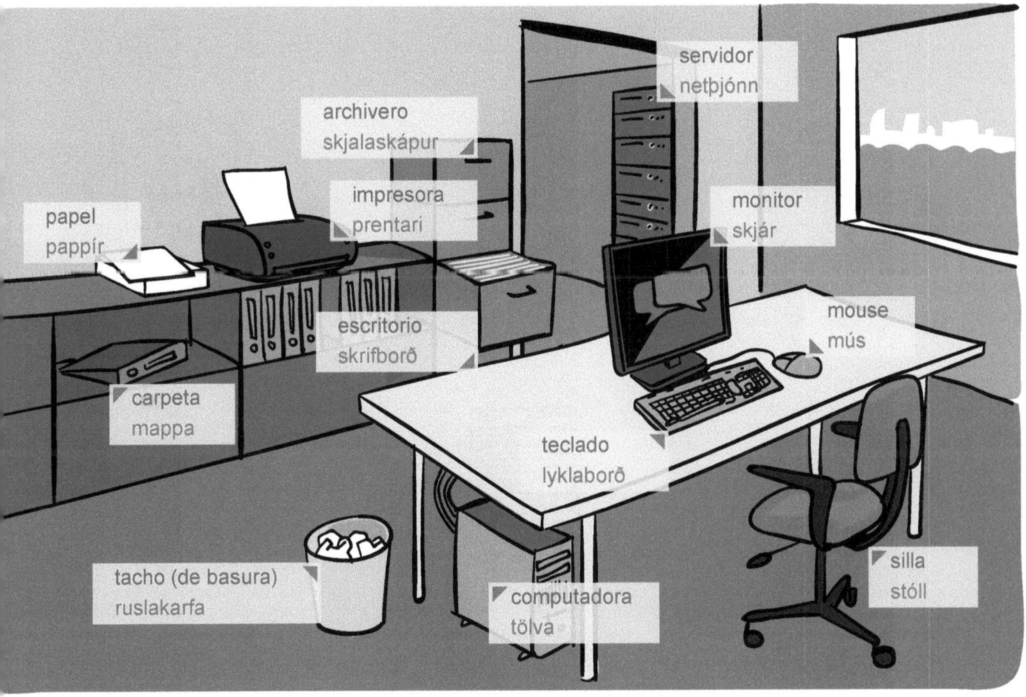
servidor
netþjónn
archivero
skjalaskápur
impresora
prentari
papel
pappír
monitor
skjár
escritorio
skrifborð
mouse
mús
carpeta
mappa
teclado
lyklaborð
tacho (de basura)
ruslakarfa
computadora
tölva
silla
stóll

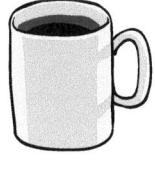

taza de café

kaffibolli

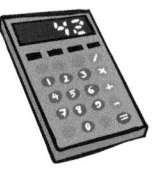

calculadora

reiknivél

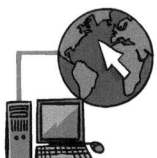

internet

internet

laptop

fartölva

carta

bréf

mensaje

skilaboð

celular

farsími

red

net

fotocopiadora

ljósritunarvél

software

hugbúnaður

teléfono

sími

tomacorriente

innstunga

fax

faxtæki

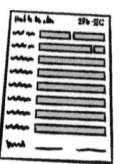

formulario

eyðublað

documento

skjal

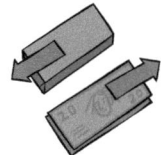

comprar

kaupa

pagar

borga

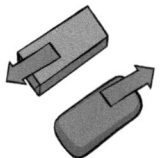

hacer negocios

versla

dinero

peningar

dólar

dollari

euro

evra

yen

jen

rublo

rúbla

franco suizo

svissneskur franki

yuan

renminbi yuan

rupia

rúpíur

cajero automático

hraðbanki

casa de cambio

gjaldeyrisskipti

oro

gull

plata

silfur

petróleo

olía

energía

orka

precio

verð

contrato

samningur

impuesto

skattur

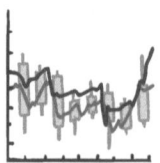

acción

hlutabréf

trabajar

vinna

empleado

starfsmaður

empleador

vinnuveitandi

fábrica

verksmiðja

negocio

búð

ocupaciones
starfsgreinar

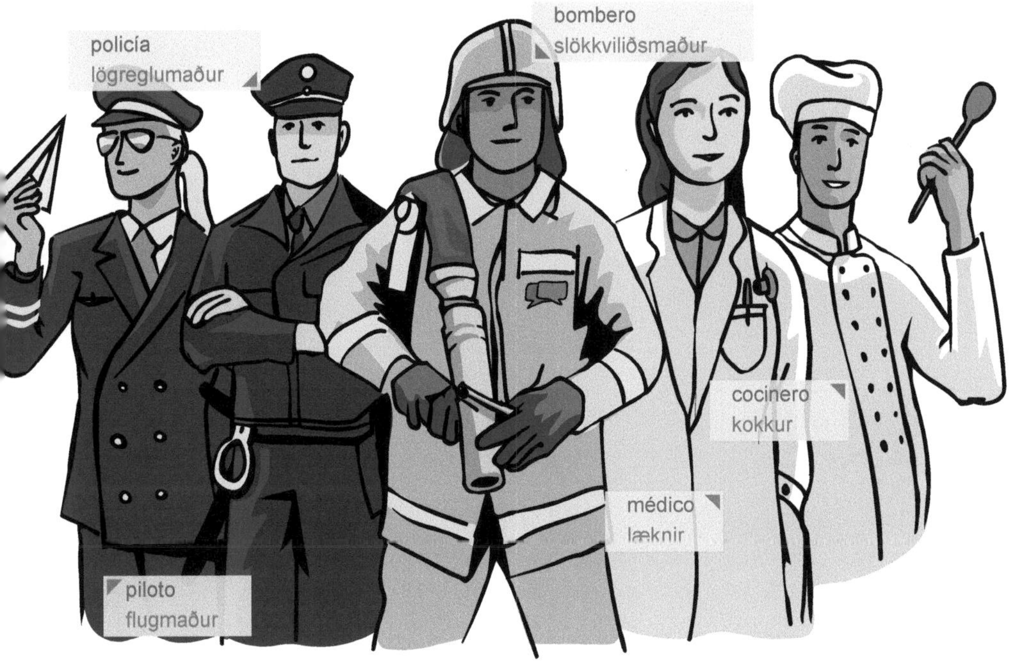
bombero
slökkviliðsmaður
policía
lögreglumaður
cocinero
kokkur
médico
læknir
piloto
flugmaður

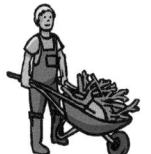

jardinero
garðyrkjumaður

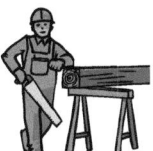

carpintero
smiður

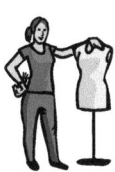

modista
saumakona

juez
dómari

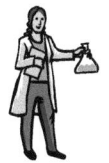

farmacéutico
lyfjafræðingur

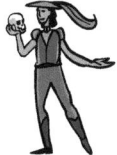

actor
leikari

colectivero

strætóbílstjóri

taxista

leigubílstjóri

pescador

sjómaður

mucama

ræstitæknir

techista

þaksmiður

mozo

þjónn

cazador

veiðimaður

pintor

málari

panadero

bakari

electricista

rafvirki

albañil

byggingaverkamaður

ingeniero

verkfræðingur

carnicero

slátrari

plomero

pípari

cartero

póstmaður

soldado

hermaður

arquitecto

arkitekt

cajero

gjaldkeri

florista

blómasali

peluquero

hárgreiðslumaður

cobrador

lestarstjóri

mecánico

vélvirki

capitán

skipstjóri

dentista

tannlæknir

científico

vísindamaður

rabino

rabbíi

imán

Imam

monje

munkur

sacerdote

prestur

herramientas

verkfæri

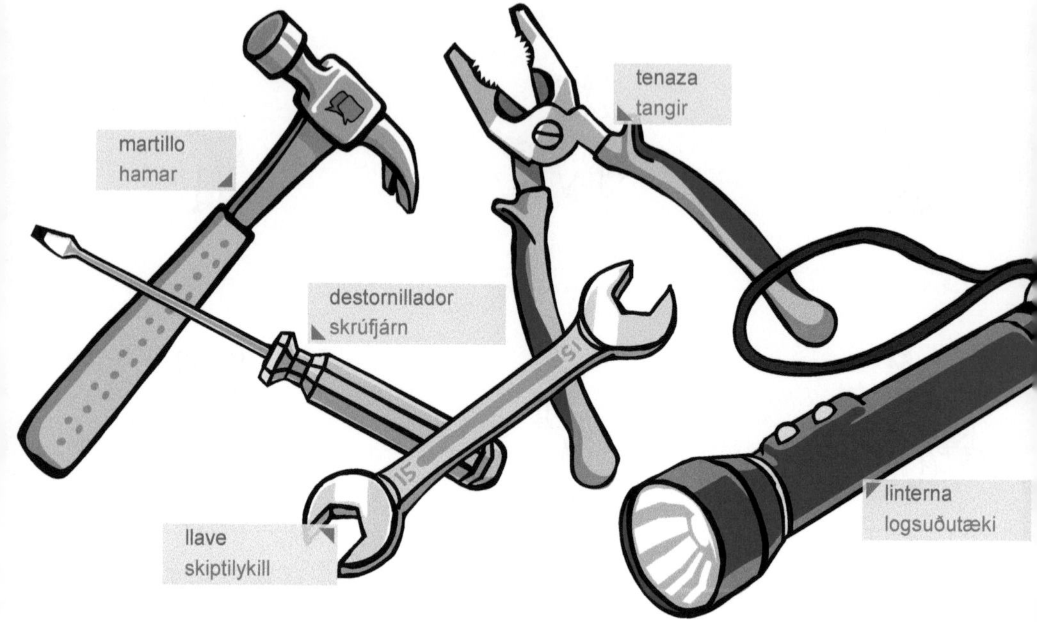

martillo
hamar
tenaza
tangir
destornillador
skrúfjárn
llave
skiptilykill
linterna
logsuðutæki

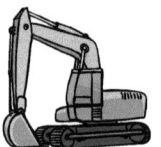

excavadora

grafa

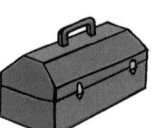

caja de herramientas

verkfærataska

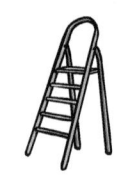

escalera portátil

stigi

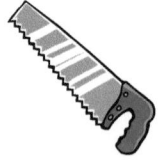

sierra

sög

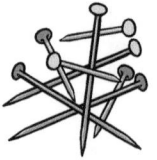

clavos

naglar

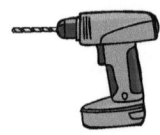

taladro

bor

arreglar

gera við

pala de jardín

skófla

¡Qué bronca!

Fjandinn!

pala de plástico

fægiskófla

tacho de pintura

málningarfata

tornillos

skrúfur

instrumentos musicales
hljóðfæri

parlante
hátalari

batería
trommusett

guitarra
gítar

contrabajo
kontrabassi

trompeta
trompet

piano

píanó

violín

fiðla

bajo

bassi

timbales

pákur

tambor

trommur

teclado

hljómborð

saxofón

saxófónn

flauta

flauta

micrófono

hljóðnemi

zoológico
dýragarður

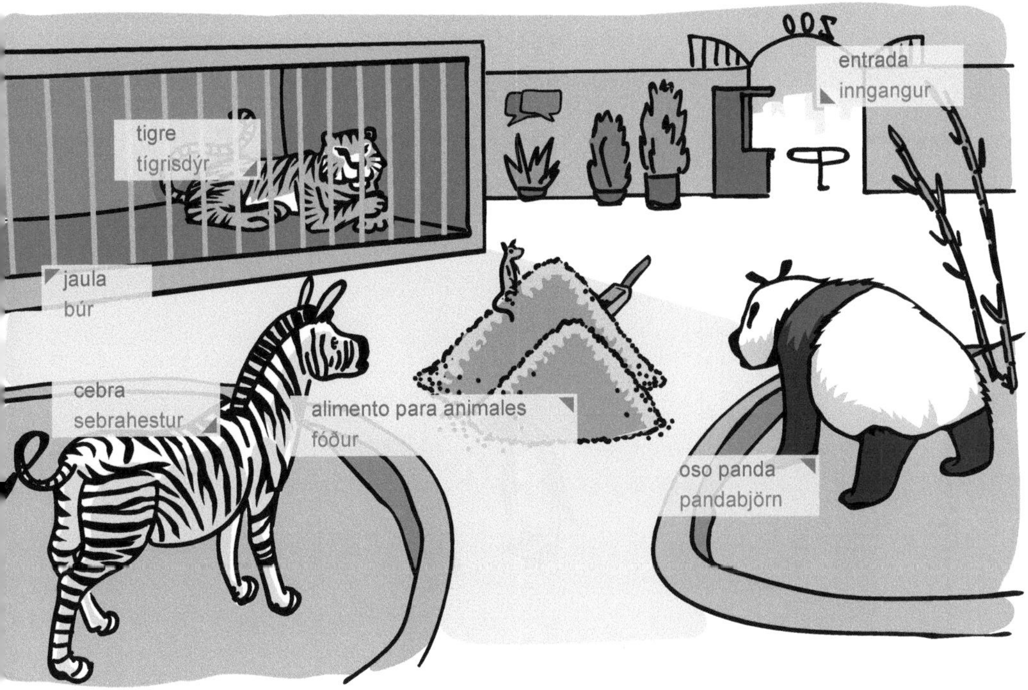
entrada
inngangur
tigre
tígrisdýr
jaula
búr
cebra
sebrahestur
alimento para animales
fóður
oso panda
pandabjörn

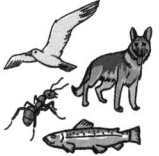

animales
dýr

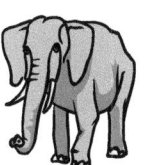

elefante
fíll

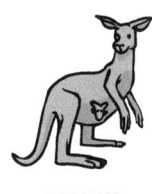

canguro
kengúra

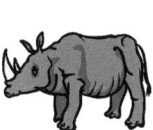

rinoceronte
nashyrningur

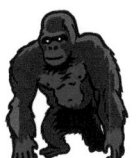

gorila
górilla

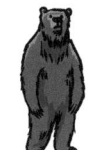

oso
skógarbjörn

camello

úlfaldi

avestruz

strútur

león

ljón

mono

api

flamenco

flamingó

loro

páfagaukur

oso polar

ísbjörn

pingüino

mörgæs

tiburón

hákarl

pavo real

páfugl

serpiente

snákur

cocodrilo

krókódíll

cuidador del zoológico

dýragarðsvörður

foca

selur

jaguar

jagúar

poni
hestur

leopardo
hlébarði

hipopótamo
flóðhestur

jirafa
gíraffi

águila
örn

jabalí
villisvín

pescado
fiskur

tortuga
skjaldbaka

morsa
rostungur

zorro
refur

gacela
gasella

fútbol americano
Amerískur fótbolti

ciclismo
hjólreiðar

tenis
tennis

básquet
körfubolti

natación
sund

boxeo
hnefaleikar

hockey sobre hielo
íshokkí

fútbol	bádminton	atletismo
fótbolti	hnit	frjálsar íþróttir
handball	esquí	polo
handbolti	skíði	póló

actividades
athafnir

saltar
hoppa
reír
hlæja
abrazar
faðma
caminar
ganga
cantar
syngja
soñar
dreyma
rezar
biðja
besar
kyssa

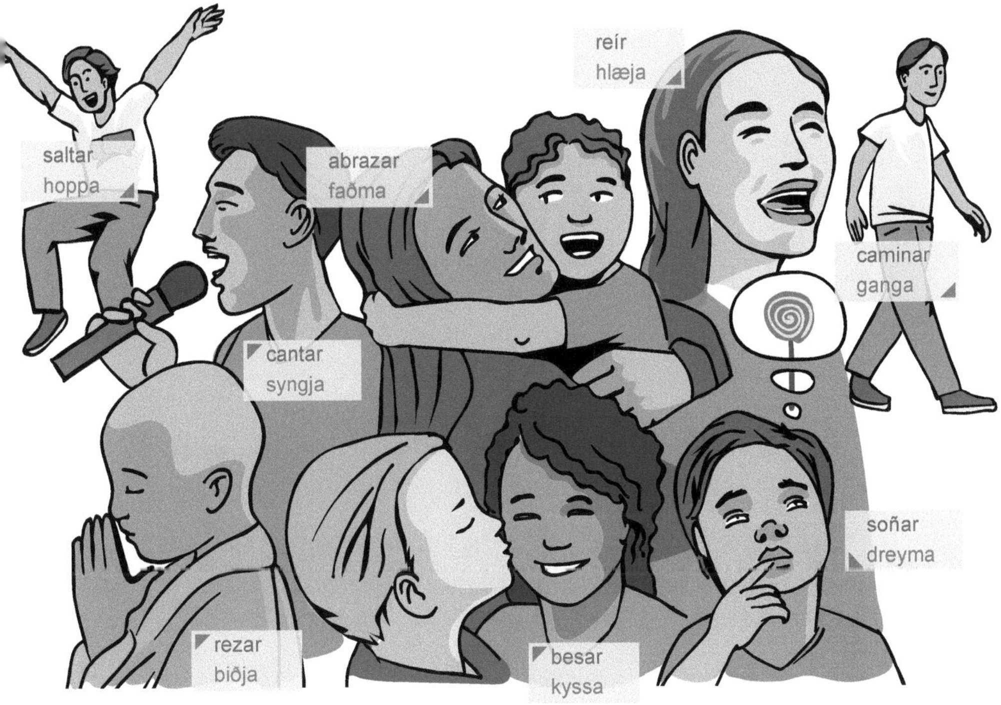

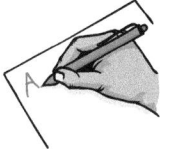

escribir

skrifa

dibujar

teikna

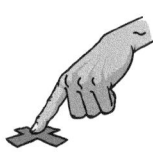

mostrar

sýna

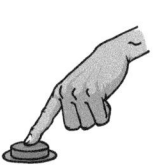

presionar

ýta

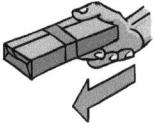

dar

gefa

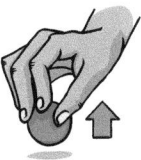

tomar

taka

tener

hafa

hacer

gera

ser

vera

estar parado

standa

correr

hlaupa

tirar

draga

tirar

kasta

caer

detta

estar acostado

ljúga

esperar

bíða

llevar

bera

estar sentado

sitja

vestirse

klæða sig

dormir

sofa

despertar

vakna

mirar

líta á

llorar

gráta

acariciar

strjúka

peinar

greiða

hablar

tala

entender

skilja

preguntar

spyrja

escuchar

hlusta

beber

drekka

comer

borða

ordenar

taka til

amar

elska

cocinar

elda

manejar

keyra

volar

fljúga

navegar

sigla

calcular

reikna

leer

lesa

aprender

læra

trabajar

vinna

casarse

giftast

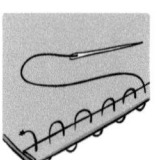

coser

sauma

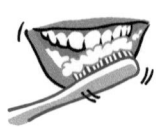

cepillarse los dientes

bursta tennur

matar

drepa

fumar

reykja

enviar

senda

familia
fjölskylda

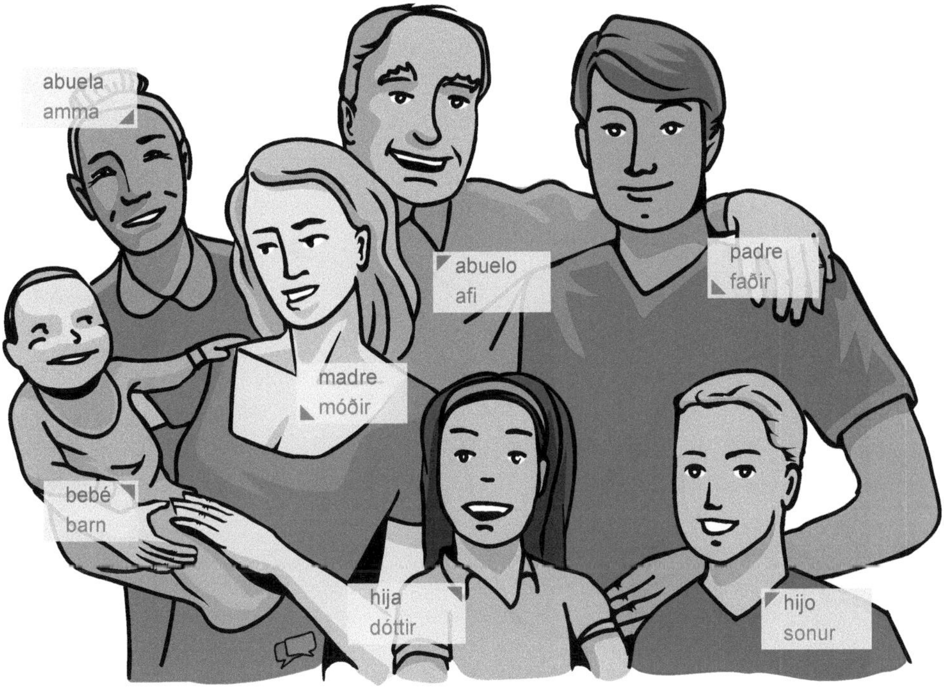
abuela
amma
abuelo
afi
padre
faðir
madre
móðir
bebé
barn
hija
dóttir
hijo
sonur

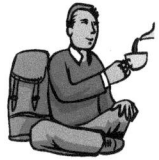

invitado

gestur

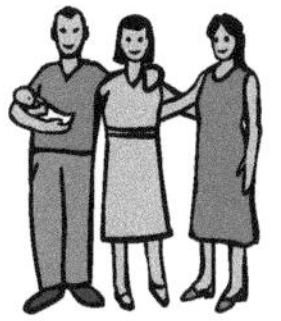

tía

frænka

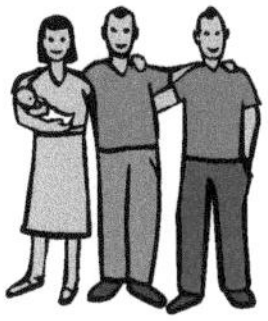

tío

frændi

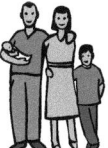

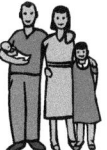

hermano

bróðir

hermana

systir

cuerpo
líkami

frente
enni
ojo
auga
hombro
öxl
dedo
fingur
cara
andlit
pera
haka
mano
hönd
pierna
fótleggur
pecho
brjóst
brazo
handleggur

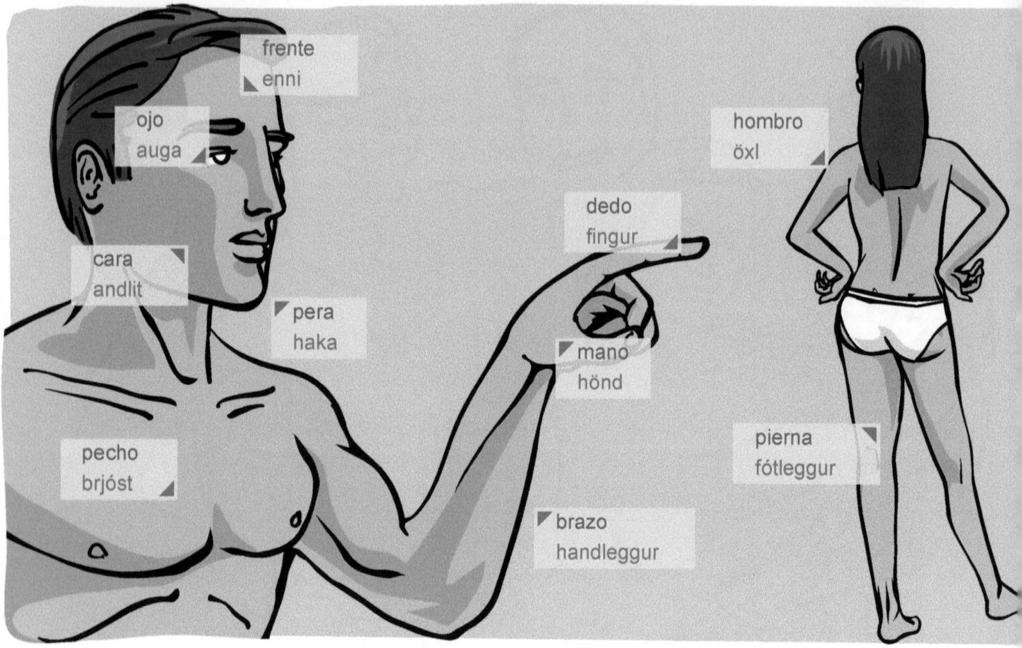

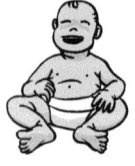

bebé

barn

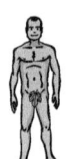

hombre

maður

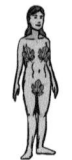

mujer

kona

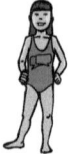

nena

stúlka

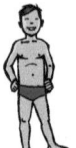

nene

drengur

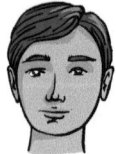

cabeza

höfuð

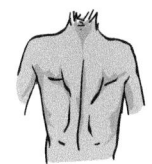

espalda
bak

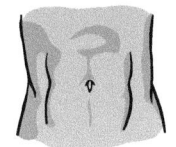

panza
kviður

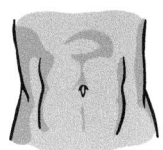

ombligo
nafli

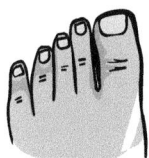

dedo del pie
tá

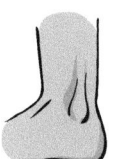

talón
hæll

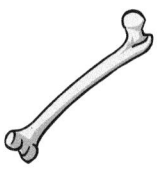

hueso
bein

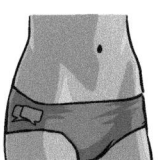

cadera
mjöðm

rodilla
hné

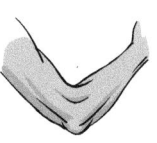

codo
olnbogi

nariz
nef

cola
rass

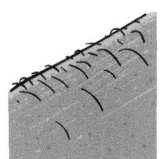

piel
húð

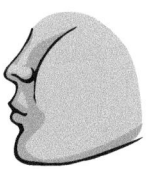

cachete
kinn

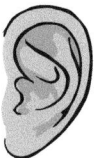

oreja
eyra

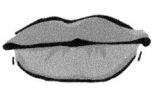

labio
vör

boca

munnur

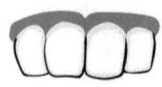

diente

tönn

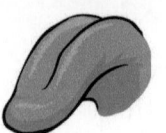

lengua

tunga

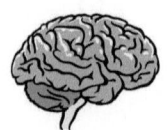

cerebro

heili

corazón

hjarta

músculo

vöðvi

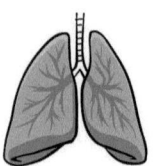

pulmón

lunga

hígado

lifur

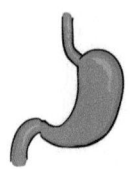

estómago

magi

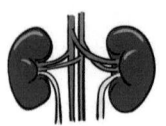

riñones

nýru

sexo

kynmök

preservativo

smokkur

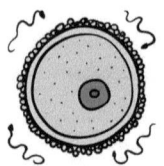

óvulo

eggfruma

semen

sæði

embarazo

ólétta

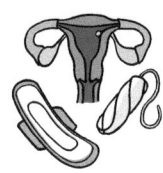

menstruación

tíðir

vagina

leggöng

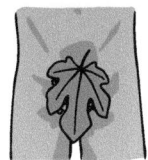

pene

typpi

ceja

augabrún

pelo

hár

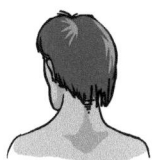

cuello

háls

hospital
sjúkrahús

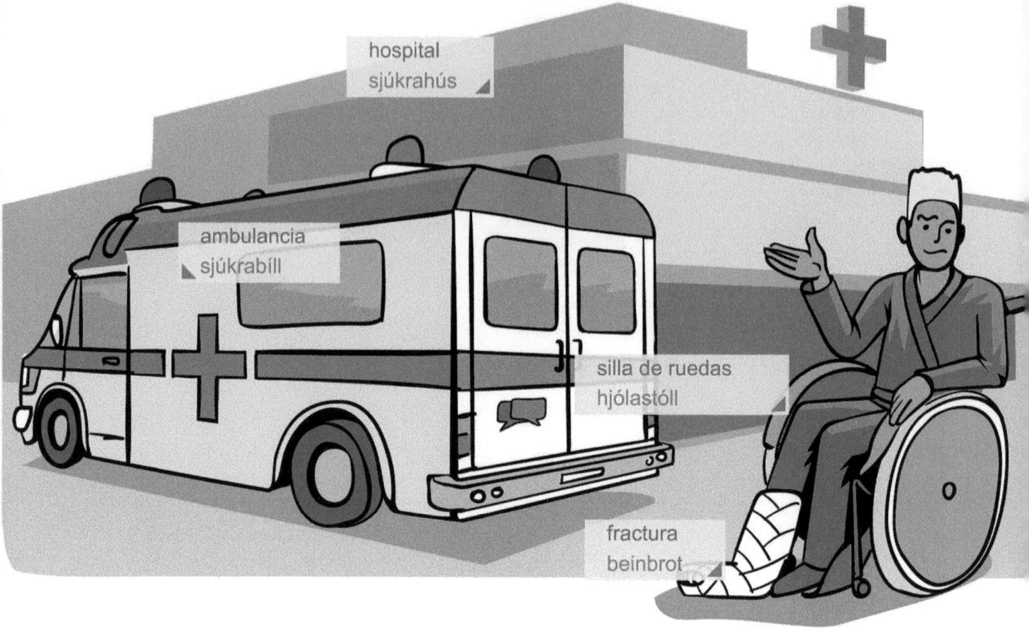

hospital
sjúkrahús
ambulancia
sjúkrabíll
silla de ruedas
hjólastóll
fractura
beinbrot

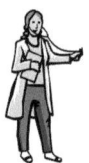

médico

læknir

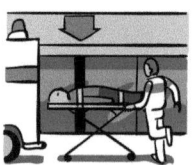

sala de guardia

bráðamóttaka

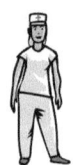

enfermera

hjúkrunarfræðingur

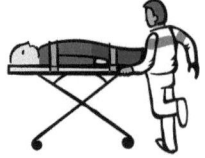

emergencia

neyðartilvik

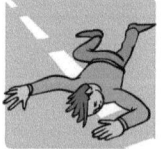

inconsciente

meðvitundarlaus

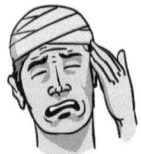

dolor

verkir

lesión
meiðsli

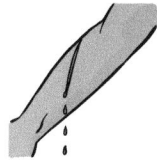

hemorragia
blæðing

infarto
hjartaáfall

ACV
heilablóðfall

alergia
ofnæmi

tos
hósti

fiebre
hiti

gripe
flensa

diarrea
niðurgangur

dolor de cabeza
höfuðverkur

cáncer
krabbamein

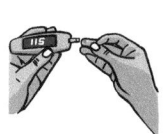

diabetes
sykursýki

cirujano
skurðlæknir

bisturí
skurðhnífur

operación
aðgerð

TC

sneiðmyndataka

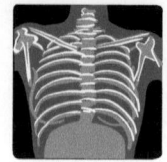

rayos x

röntgengeisli

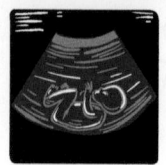

ecografía

ómskoðun

barbijo

andlitsgríma

enfermedad

sjúkdómur

sala de espera

biðstofa

muleta

hækja

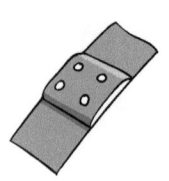

curita

gifs

venda

sáraumbúðir

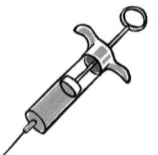

inyección

sprauta

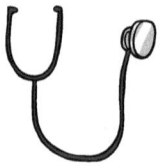

estetoscopio

hlustunarpípa

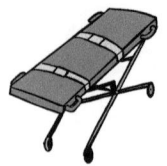

camilla

börur

termómetro

líkamshitamælir

nacimiento

fæðing

sobrepeso

yfirvigt

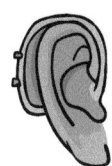

audífono

heyrnartæki

desinfectante

sótthreinsiefni

infección

sýking

virus

veira

VIH / SIDA

HIV / AIDS

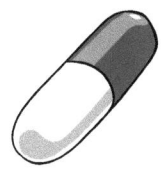

remedio

lyf

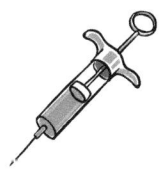

vacunación

bólusetning

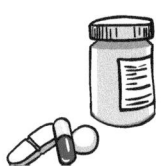

comprimidos

töflur

pastilla anticonceptiva

pilla

llamada de emergencia

neyðarsímtal

tensiómetro

blóðþrýstingsmælir

enfermo / sano

lasinn / heilbrigður

¡Ayuda!

Hjálp!

alarma

viðvörun

agresión

líkamsárás

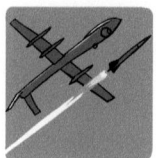

ataque

árás

peligro

hætta

salida de emergencia

neyðarútgangur

¡Fuego!

Eldur!

matafuego

slökkvitæki

accidente

slys

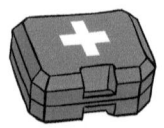

botiquín de primeros auxilios

skyndihjálparbúnaður

SOS

SOS

policía

lögregla

Europa

Evrópa

América del Norte

Norður-Ameríka

América del Sur

Suður-Ameríka

África

Afríka

Asia

Asía

Australia

Ástralía

Atlántico

Atlantshaf

Pacífico

Kyrrahaf

Océano Índico

Indlandshaf

Océano Antártico

Suður-Íshaf

Océano Ártico

Norður-Íshaf

polo norte

Norðurpóll

polo sur

Suðurpóll

Antártida

Suðurskautslandið

Tierra

Jörð

tierra

land

mar

sjór

isla

eyja

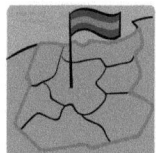

nación

þjóð

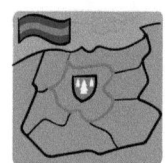

estado

ríki

esfera

klukkuskífa

manecilla de las horas

litli vísir

minutero

stóri vísir

segundero

sekúnduvísir

¿Qué hora es?

Hvað er klukkan?

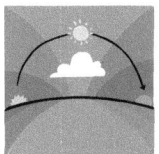

día

dagur

hora

tími

ahora

nú

reloj digital

tölvuúr

minuto

mínúta

hora

klukkustund

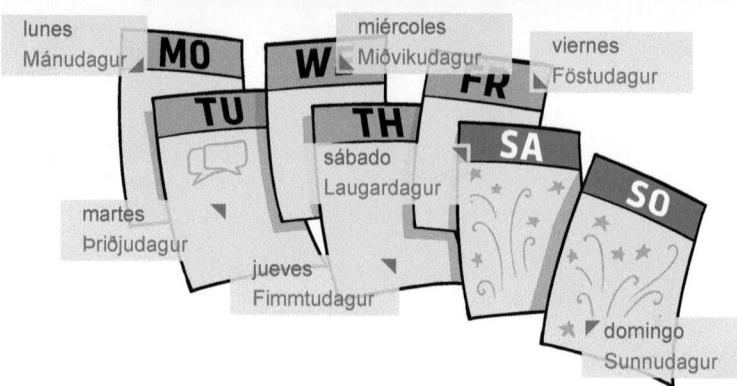

lunes
Mánudagur

MO

miércoles
Miðvikudagur

viernes
Föstudagur

W

FR

TU

TH

SA

sábado
Laugardagur

SO

martes
Þriðjudagur

jueves
Fimmtudagur

domingo
Sunnudagur

ayer
....
í gær

hoy
....
í dag

mañana
....
á morgun

mañana
....
morgunn

mediodía
....
hádegi

tarde
....
kvöld

MO	TU	WE	TH	FR	SA	SU
1	2	3	4	5	6	7
8	9	10	11	12	13	14
15	16	17	18	19	20	21
22	23	24	25	26	27	28
29	30	31	1	2	3	4

días hábiles
....
virkir dagar

MO	TU	WE	TH	FR	SA	SU
1	2	3	4	5	6	7
8	9	10	11	12	13	14
15	16	17	18	19	20	21
22	23	24	25	26	27	28
29	30	31	1	2	3	4

fin de semana
....
helgi

año

ár

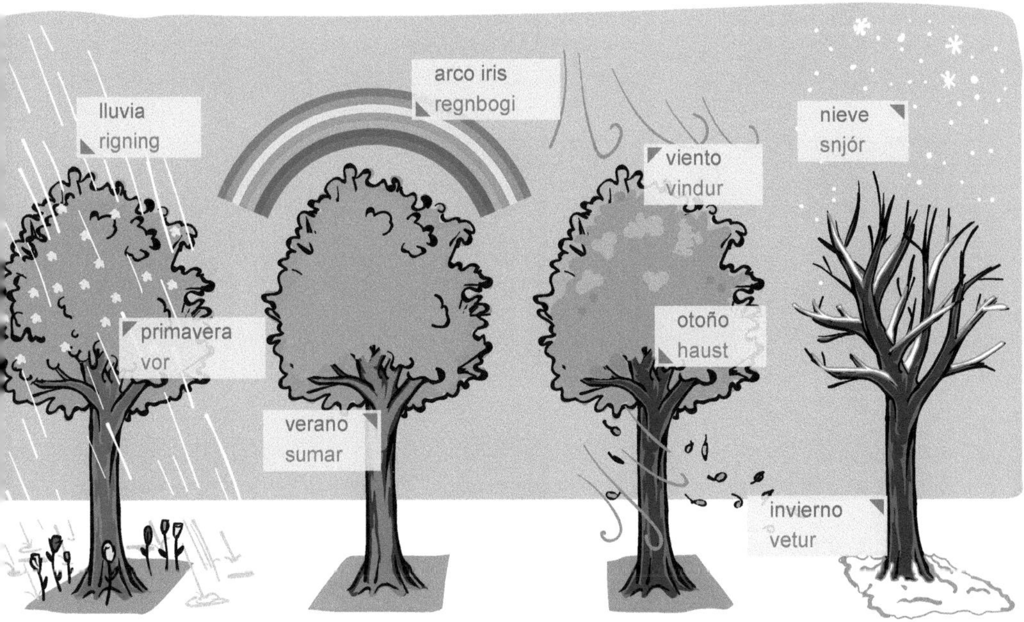

lluvia
rigning
arco iris
regnbogi
nieve
snjór
viento
vindur
primavera
vor
otoño
haust
verano
sumar
invierno
vetur

4.APRIL 11°
5.APRIL 4°
6.APRIL 13°
7.APRIL 8°
8.APRIL 10°

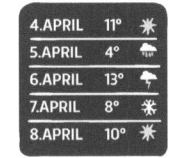

pronóstico meteorológico

veðurspá

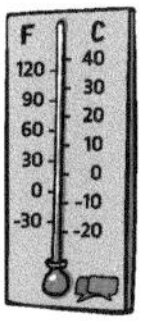

F
C
120
90
60
30
0
-30
40
30
20
10
0
-10
-20

termómetro

hitamælir

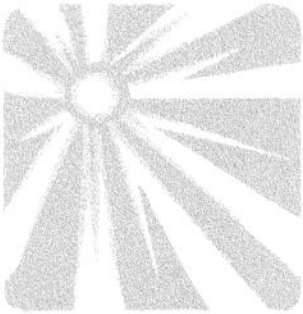

luz del sol

sólskin

nube

ský

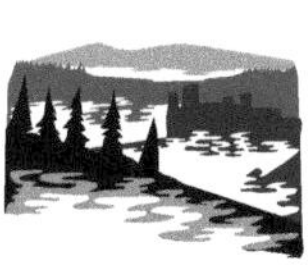

niebla

þoka

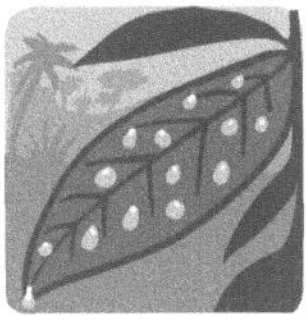

humedad

raki

rayo

eldingar

trueno

þrumuveður

tormenta

stormur

granizo

haglél

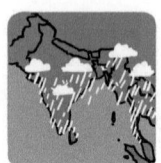

monzón

monsún

inundación

flóð

hielo

ís

enero

Janúar

febrero

Febrúar

marzo

Mars

abril

Apríl

mayo

Maí

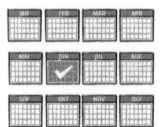

junio

Júní

julio

Júlí

agosto

Ágúst

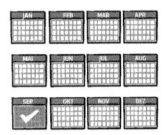

septiembre
....
September

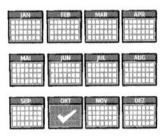

octubre
....
Október

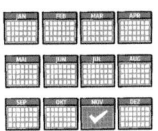

noviembre
....
Nóvember

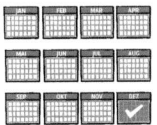

diciembre
....
Desember

formas
form

círculo
....
hringur

cuadrado
....
ferningur

rectángulo
....
rétthyrningur

triángulo
....
þríhyrningur

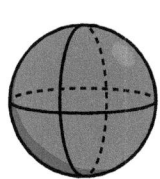

esfera
....
kúla

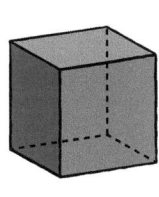

cubo
....
teningur

blanco
hvítur

amarillo
gulur

naranja
appelsínugulur

rosa
bleikur

rojo
rauður

violeta
fjólublár

azul
blár

verde
grænn

marrón
brúnn

gris
grár

negro
svartur

mucho / poco

mikið / lítið

enojado / tranquilo

reiður / rólegur

lindo / feo

fallegur / ljótur

principio / fin

upphaf / endir

grande / chico

stór / lítill

claro / oscuro

bjartur / dimmur

hermano / hermana

bróðir / systir

limpio / sucio

hreinn / óhreinn

completo / incompleto

heill / ófullnægjandi

día / noche

dagur / nótt

muerto / vivo

dauður / lifandi

ancho / angosto

breiður / mjór

comestible / no comestible

ætur / óætur

malo / amable

vondur / góður

entusiasmado / aburrido

spenntur / leiður

gordo / flaco

feitur / mjór

primero / último

fyrstur / síðastur

amigo / enemigo

vinur / óvinur

lleno / vacío

fullur / tómur

duro / blando

harður / mjúkur

pesado / liviano

þungur / léttur

hambre / sed

svangur / þyrstur

enfermo / sano

lasinn / heilbrigður

ilegal / legal

ólöglegur / löglegur

inteligente / estúpido

greindur / heimskur

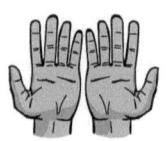

izquierda / derecha

vinstri / hægri

cerca / lejos

nálægur / fjarlægur

nuevo / usado
nýr / notaður

nada / algo
ekkert / eitthvað

viejo / joven
gamall / ungur

encendido / apagado
kveikt / slökkt

abierto / cerrado
opna / loka

silencioso / ruidoso
Lágvær / hávær

rico / pobre
ríkur / fátækur

correcto / incorrecto
rétt / rangt

áspero / suave
grófur / sléttur

triste / contento
sorgbitinn / hamingjusamur

corto / largo
stutt / lengi

lento / rápido
hægt / hratt

mojado / seco
blautur / þurr

caliente / frío
heitur / kaldur

guerra / paz
stríð / friður

0	**1**	**2**
cero	uno	dos
núll	einn	tveir

3	**4**	**5**
tres	cuatro	cinco
þrír	fjórir	fimm

6	**7**	**8**
seis	siete	ocho
sex	sjö	átta

9	**10**	**11**
nueve	diez	once
níu	tíu	ellefu

12

doce

tólf

13

trece

þrettán

14

catorce

fjórtán

15

quince

fimmtán

16

dieciséis

sextán

17

diecisiete

sautján

18

dieciocho

átján

19

diecinueve

nítján

20

veinte

tuttugu

100

cien

hundrað

1.000

mil

þúsund

1.000.000

millón

milljón

inglés

Enska

inglés americano

Amerísk enska

chino mandarín

Mandarin-kínverska

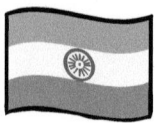

hindi

Hindí

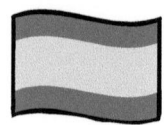

español

Spænska

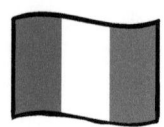

francés

Franska

árabe

Arabíska

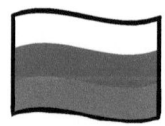

ruso

Rússneska

portugués

Portúgalska

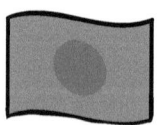

bengalí

Bengali

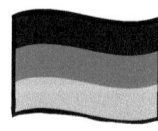

alemán

Þýska

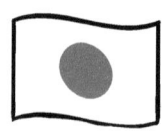

japonés

Japanska

yo

ég

vos

þú

él / ella

hann / hún / það

nosotros

við

ustedes

þú

ellos

þeir

¿quién?

hver?

¿qué?

hvað?

¿cómo?

hvernig?

¿dónde?

hvar?

¿cuándo?

hvenær?

nombre

nafn

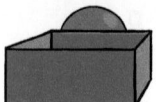

detrás

bakvið

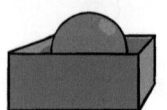

en

í

adelante de

fyrir framan

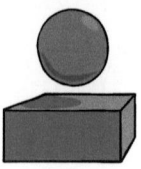

por encima de

yfir

sobre

á

debajo de

undir

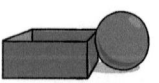

al lado de

við hliðina

entre

milli

lugar

sæti